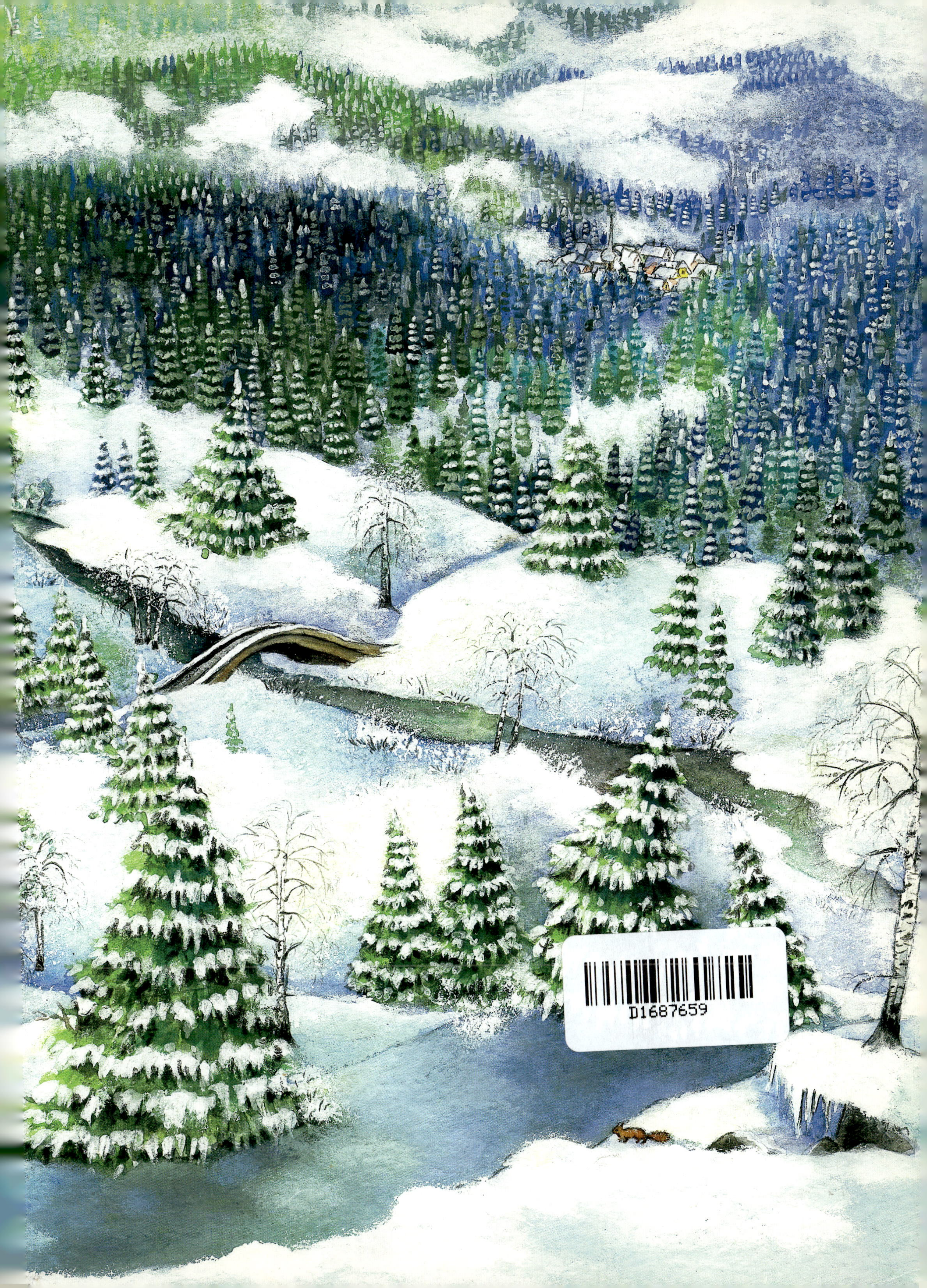

Alle Rechte vorbehalten – Printed in China
© KeRLE im Verlag Herder, Freiburg im Breisgau 2006
www.kerle.de
Verlag Herder GmbH, D-79080 Freiburg
Druck und Einband: Leo Paper, China
ISBN-13: 978-3-451-70678-3
ISBN-10: 3-451-70678-4

Illustrationen: Eleni Zabini
Einbandgestaltung und Produktion:
Uwe Stohrer Werbung, Freiburg

Überraschung für den Nikolaus

Eine Geschichte von Marc Limoni
mit Bildern von Eleni Zabini

KeRLE
bei Herder

FREIBURG · WIEN · BASEL

„Wo ist denn jetzt endlich dieses Andelsbach?", fragt Knecht Ruprecht mürrisch, „Ich kann gar nichts sehen vor lauter Schnee, und dunkel ist es auch schon geworden." „Immer hier lang", sagt der Nikolaus, „weit kann es nicht mehr sein." Behäbig stapft er weiter durch den tief verschneiten Wald und zieht schnaufend den schwer beladenen Holzschlitten hinter sich her.

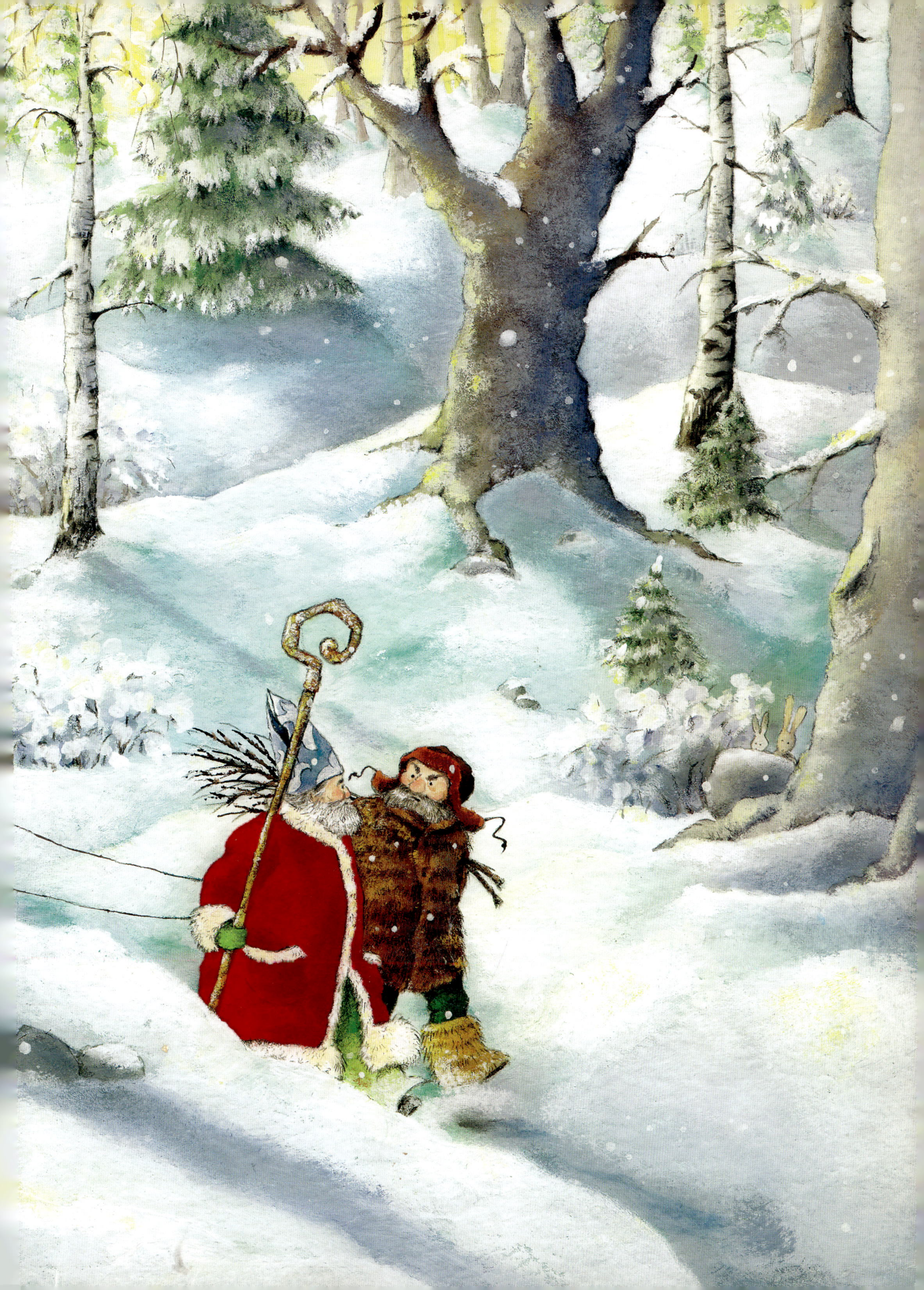

Plötzlich fällt eine dicke Schneewolke vom Baum. „Hallo, ich kann euch sagen, wo es langgeht", sagt das Eichhörnchen, das auf den Ästen herumturnt. „Was machst du denn hier bei dieser Kälte? Du solltest doch schlafen, statt Schnee auf uns zu werfen", sagt Knecht Ruprecht streng. „Ich schlafe ja auch, aber ihr habt mich aufgeweckt und dann hat mein Magen geknurrt. Ich muss ein paar Nüsse aus dem Vorratslager holen und essen, damit ich weiterschlafen kann."

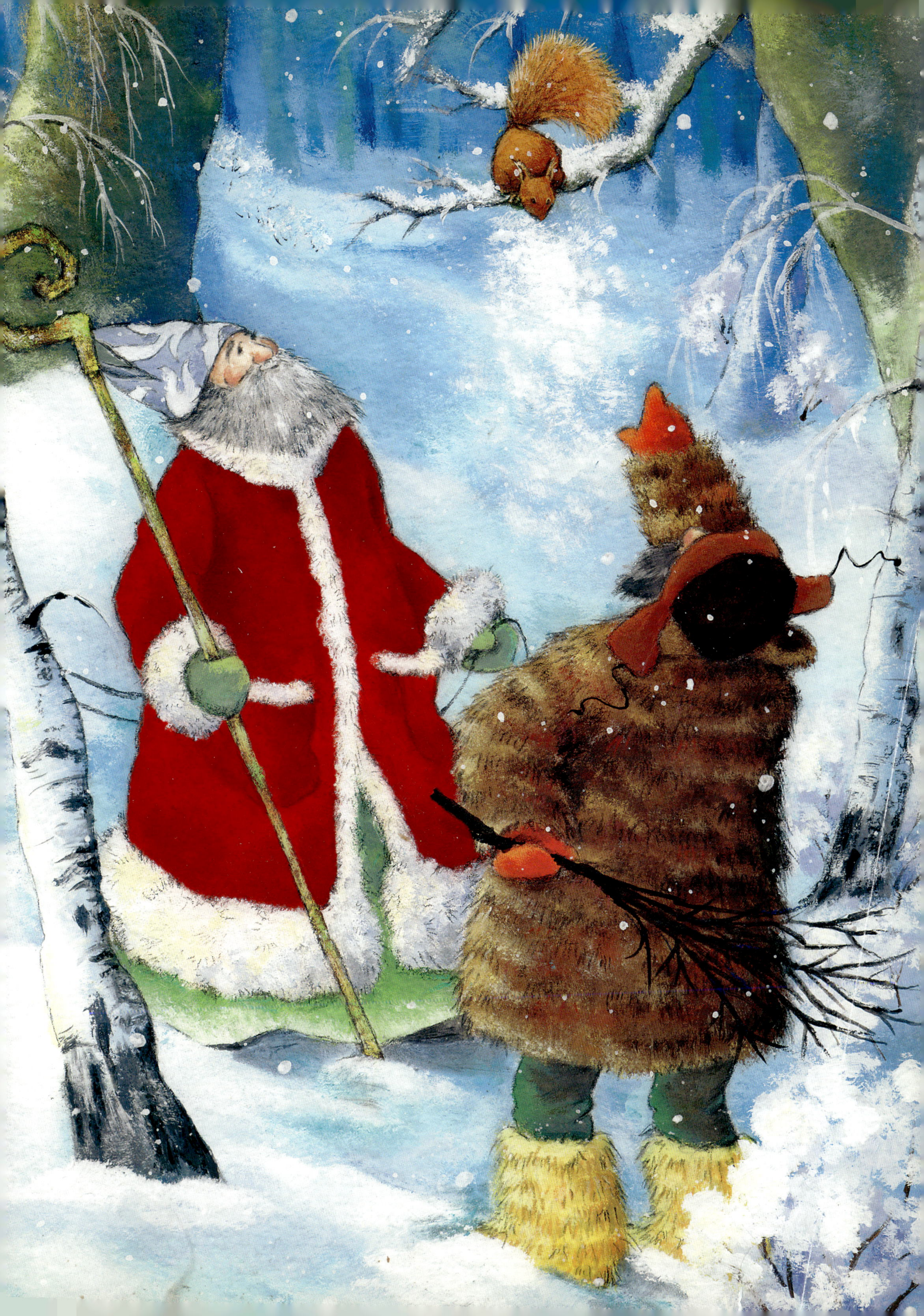

Hopp, hopp, hopp. Und schon ist das Eichhörnchen davongesprungen. „Eichhörnchen, wo ist denn nun der Weg nach Andelsbach?", ruft Knecht Ruprecht ganz laut. Das Eichhörnchen erschrickt so sehr, dass es mitten im Sprung innehält und den nächsten Ast nicht erwischt. Hoppla!, purzelt es durch die Äste direkt auf den dicken Sack auf dem Schlitten. „Hahaha", lacht der Nikolaus. „Tut mir Leid, Eichhörnchen, aber das hat so drollig ausgesehen." „Gar nicht lustig", beschwert sich das Eichhörnchen. „Geht den Hügel hoch, da hinten geht es lang."

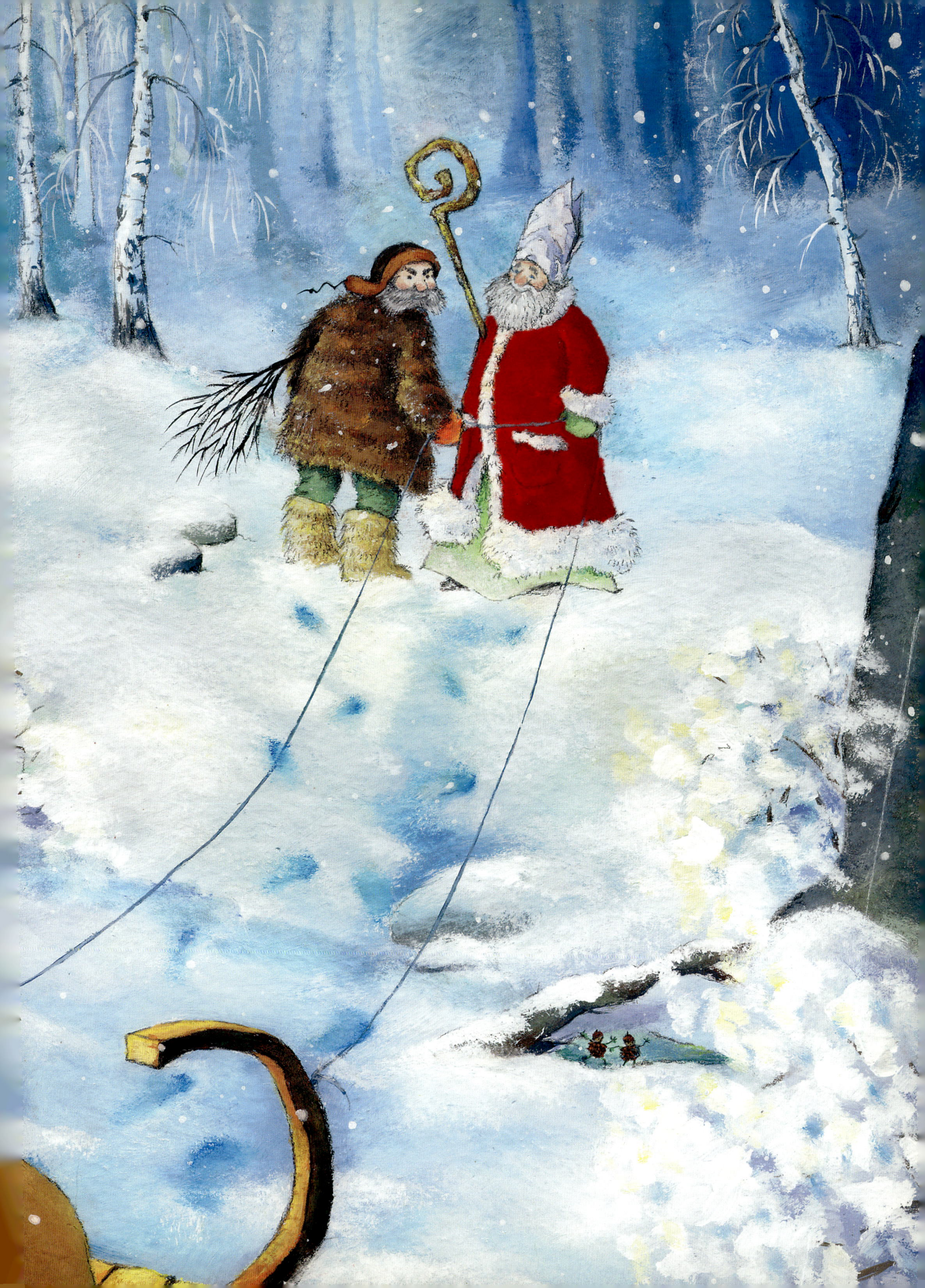

Der Nikolaus zieht den schweren Schlitten über den Hügel und tatsächlich – da ist ja schon Andelsbach. Hier sieht es sehr schön aus. Der Nikolaus freut sich auf die Kinder. „An welchem Haus soll ich zuerst klopfen?", fragt er. Da hört er ein Glöckchen klingeln.
Der helle Ton kommt von dem roten Haus. „Na, wenn das keine Einladung ist", sagt der Nikolaus und klopft dreimal an die dicke Holztür. „Um die frechen Kinder kümmere ich mich", murrt Knecht Ruprecht.

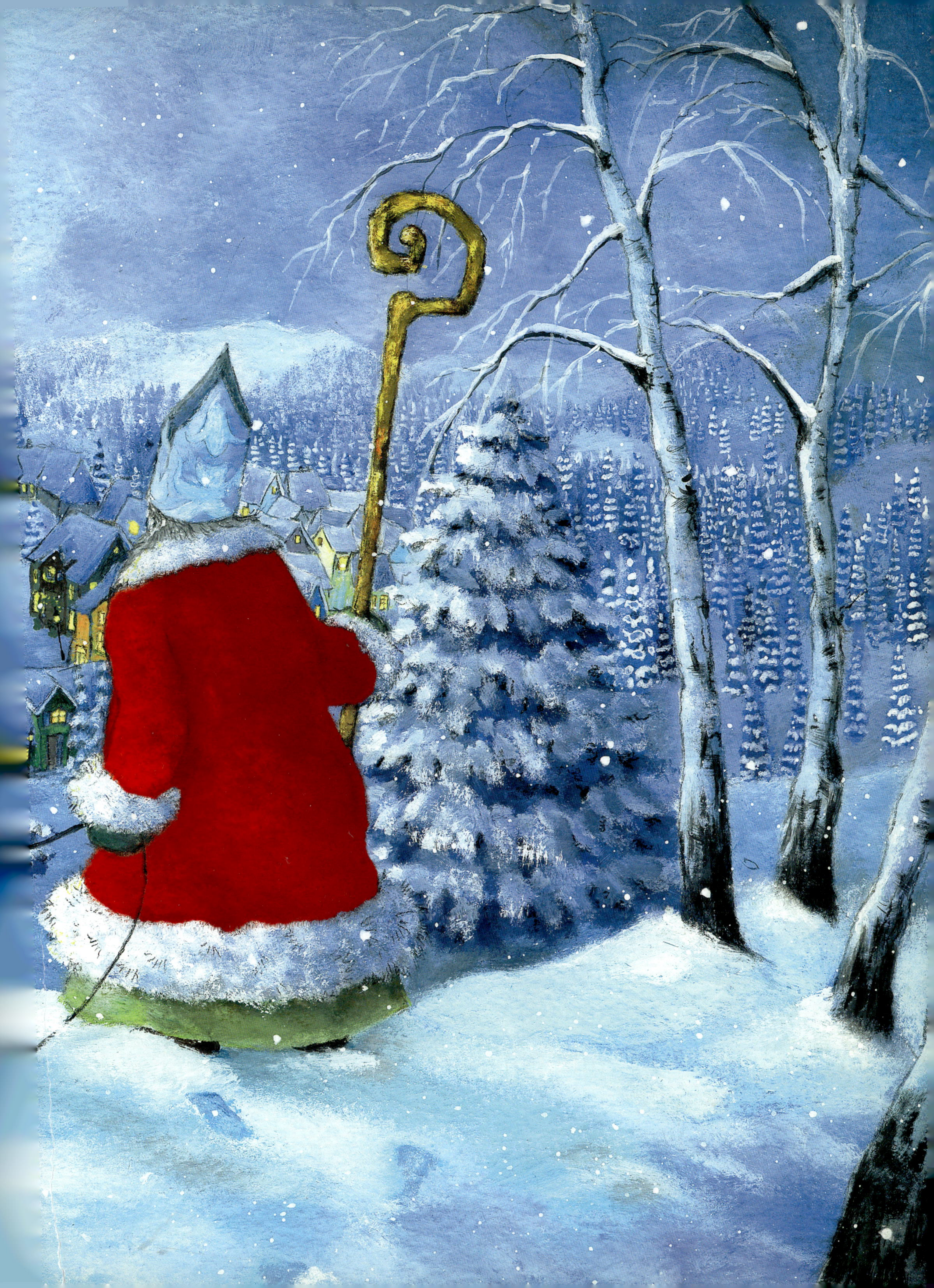

Der Nikolaus klopft noch einmal. Als keiner antwortet, drückt er vorsichtig die Türklinke herunter. Knarrend öffnet sich die alte Tür und aus dem Haus strömt der Duft von warmen Bratäpfeln. „Hmmm. Wenn das keine Einladung ist", sagt der Nikolaus wieder. Er setzt seinen dicken Stiefel auf die Türschwelle und ruft: „Hallo, Kinder. Aus dem Walde komm ich her." Dann geht er forsch ins Haus, Knecht Ruprecht geht hinter ihm her. Drinnen ist keine Menschenseele zu sehen, aber auf dem runden Tisch brennen rote Kerzen und in der Mitte liegt ein Zettel.

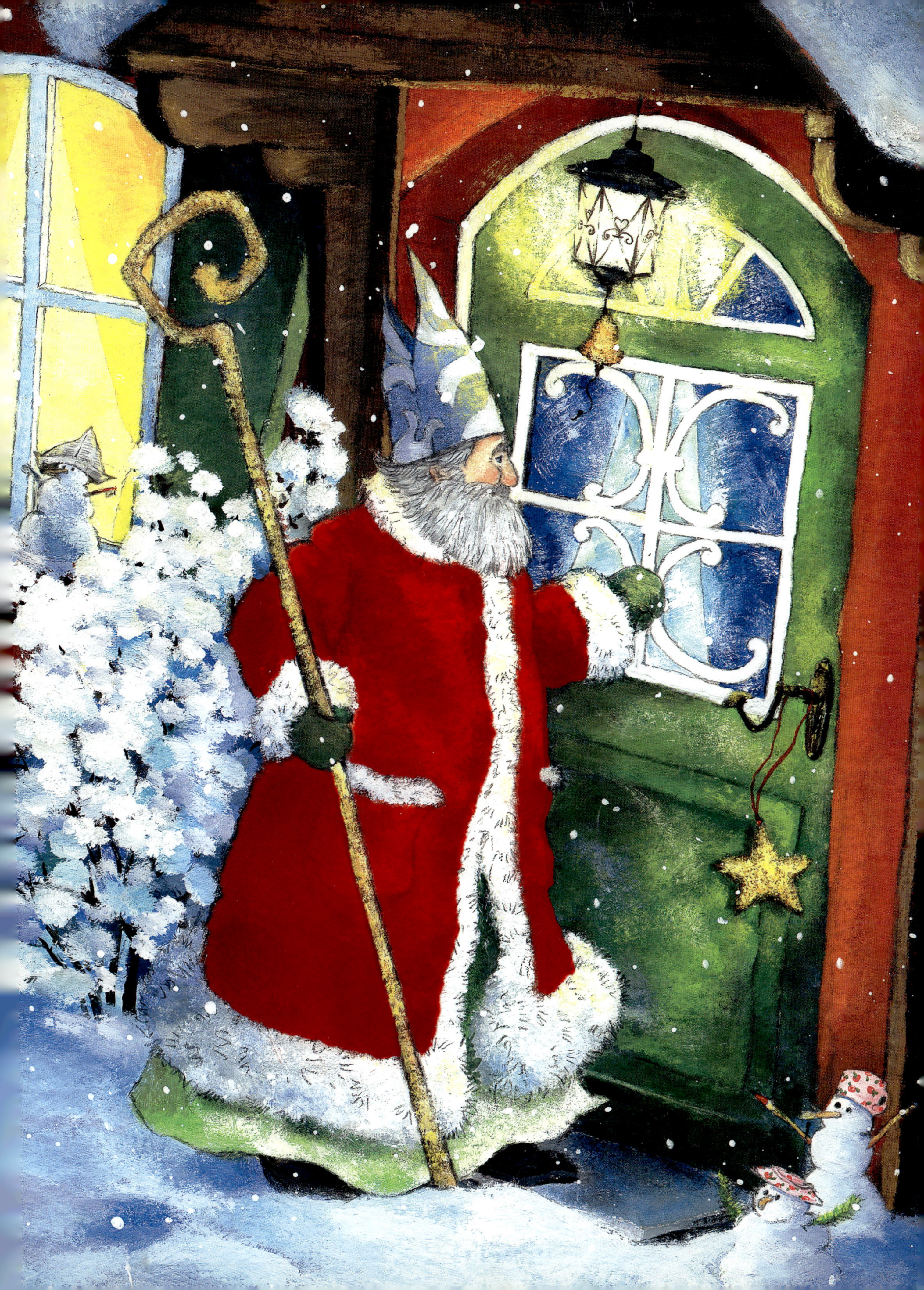

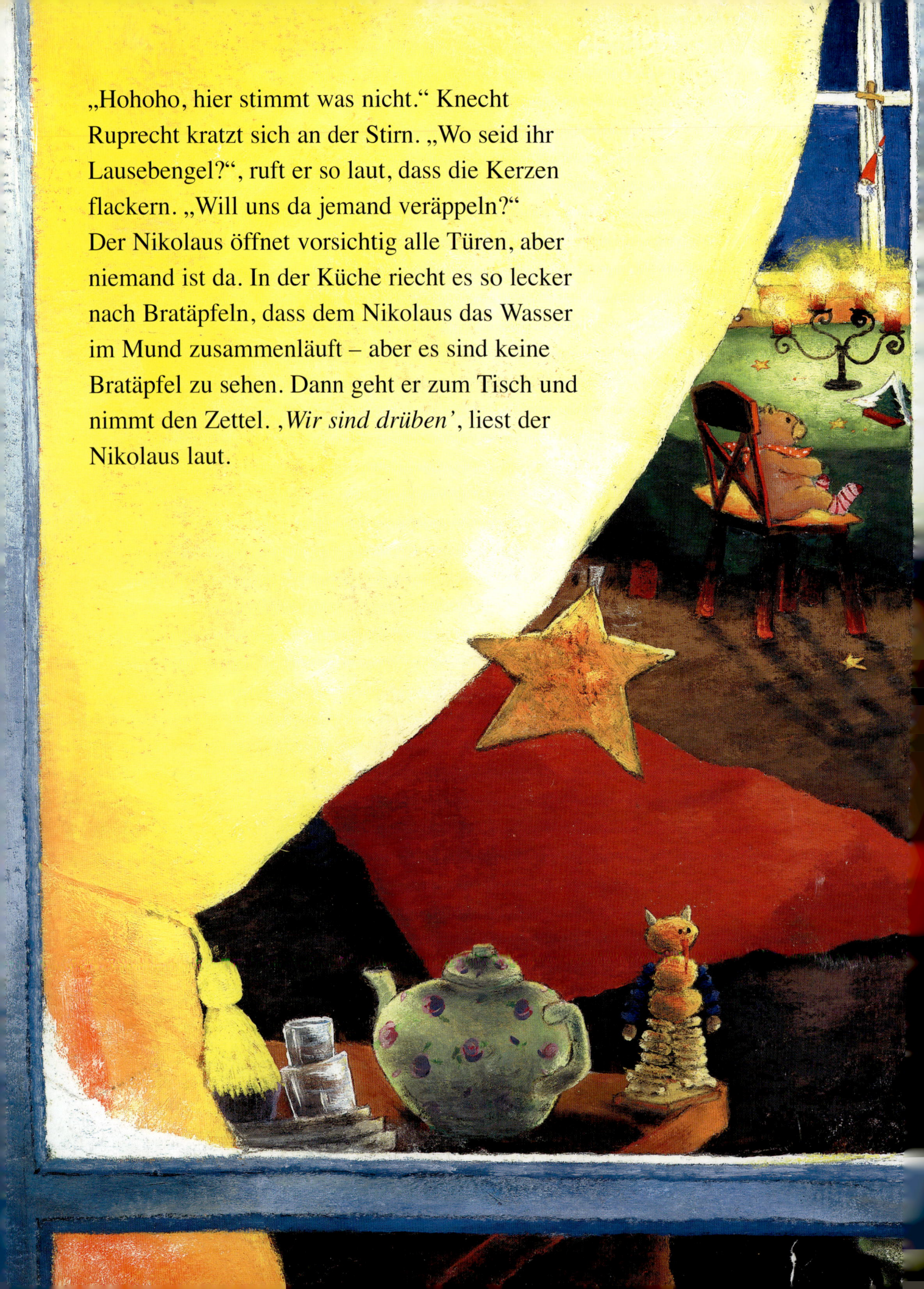

„Hohoho, hier stimmt was nicht." Knecht Ruprecht kratzt sich an der Stirn. „Wo seid ihr Lausebengel?", ruft er so laut, dass die Kerzen flackern. „Will uns da jemand veräppeln?" Der Nikolaus öffnet vorsichtig alle Türen, aber niemand ist da. In der Küche riecht es so lecker nach Bratäpfeln, dass dem Nikolaus das Wasser im Mund zusammenläuft – aber es sind keine Bratäpfel zu sehen. Dann geht er zum Tisch und nimmt den Zettel. *Wir sind drüben*, liest der Nikolaus laut.

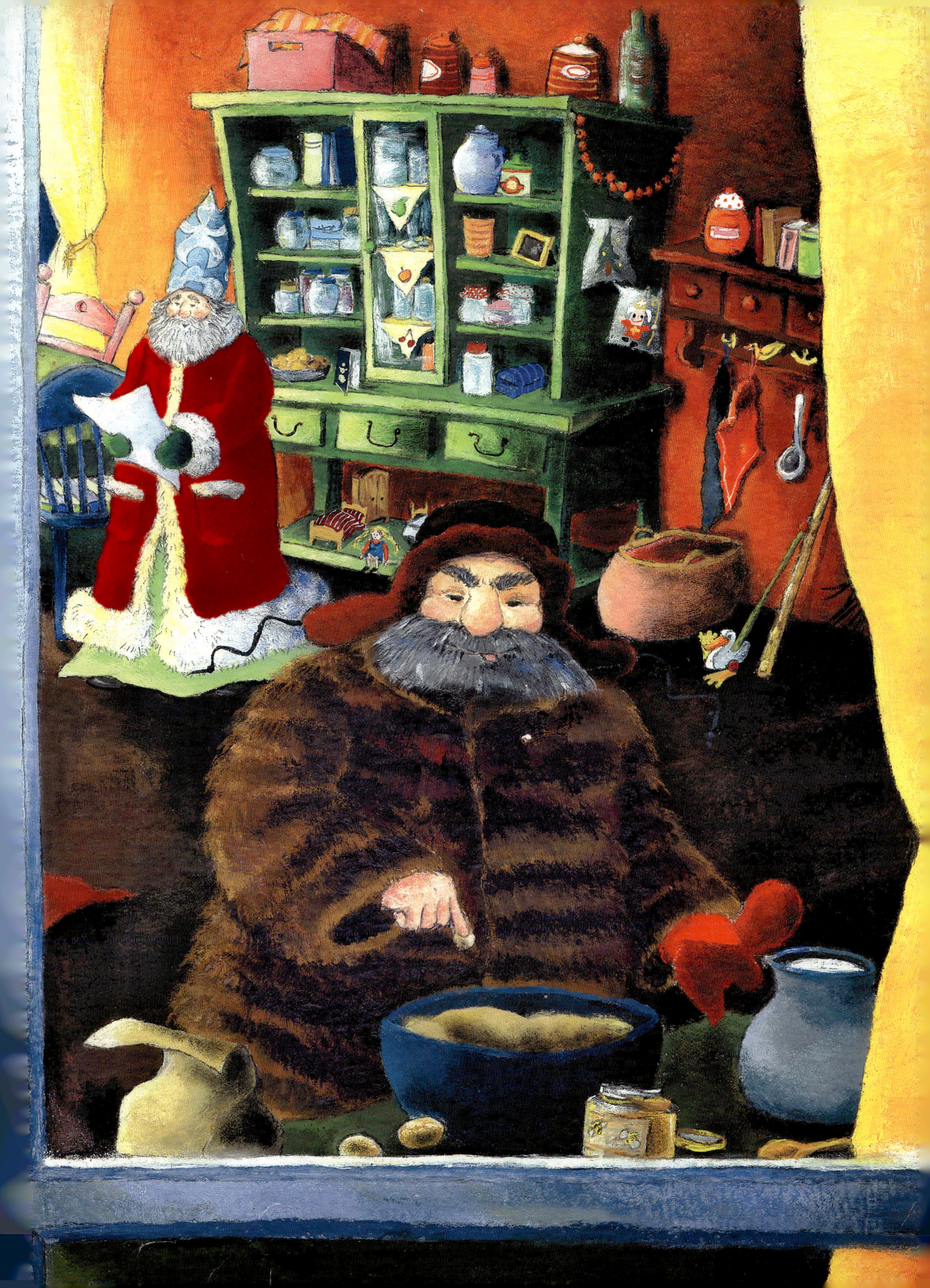

Mürrisch tritt Knecht Ruprecht vor das Haus.
„Was heißt hier ‚drüben'?", brummt er und sieht
sich um.
Da hört der Nikolaus wieder ein Glöckchen klingeln.
Das muss aus dem gelben Haus hinten am Dorfplatz
kommen. Er schnappt die Schlittenschnur und spurtet
mit riesigen Schritten über den Platz. „Diesmal bin
ich schnell genug. Lauft nicht weg, Kinder", ruft
er laut durchs Dorf. Vor dem gelben Haus muss
er stark abbremsen und schlittert durch die leicht
geöffnete Haustür.

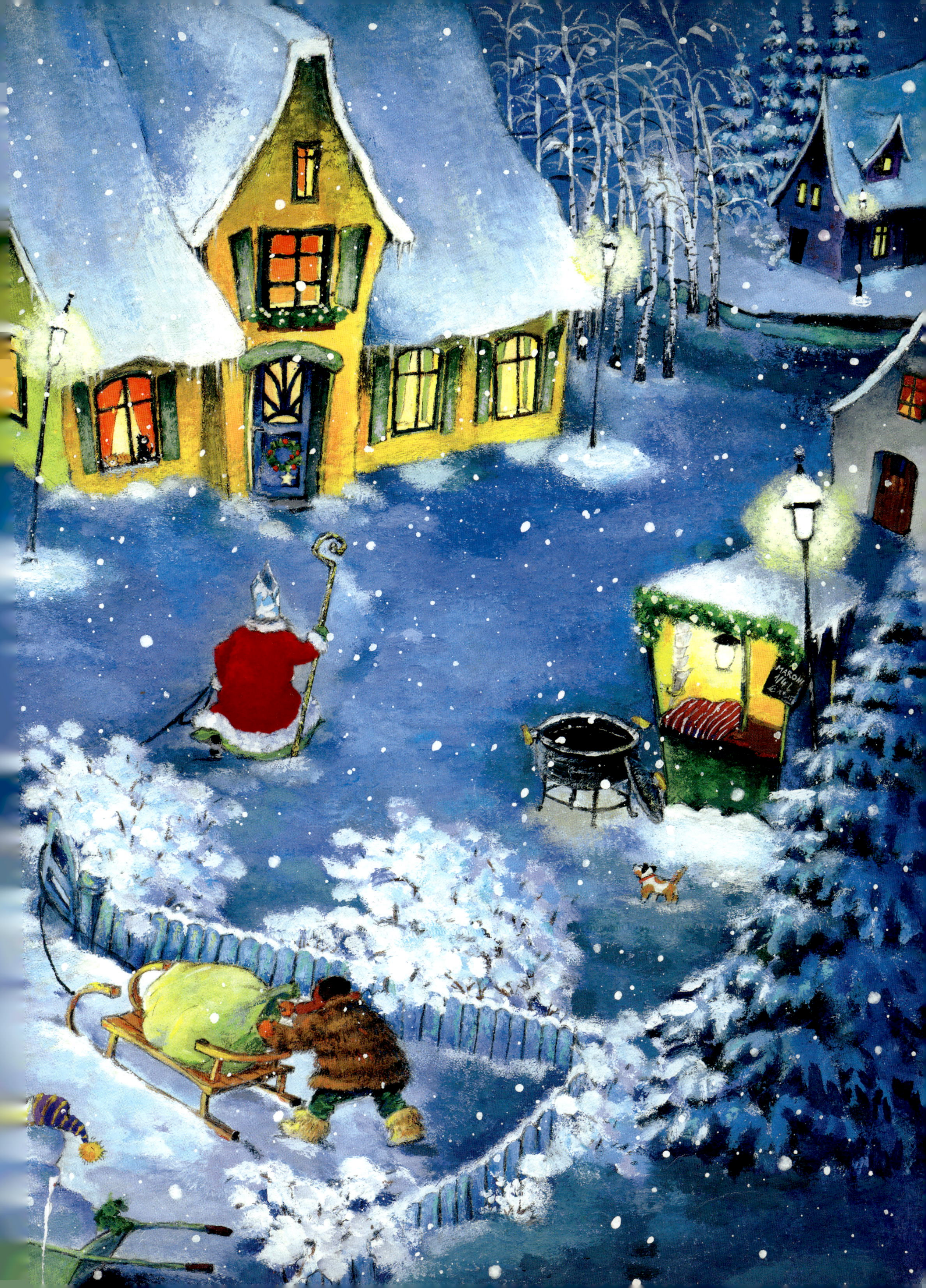
MARONI

Zwei Katzen, eine rot, die andere schwarz, springen erschrocken zur Seite. Die eine flüchtet sich unter die Ofenbank, die andere auf den Kachelofen. Der Nikolaus rappelt sich schwerfällig auf, streicht seinen Bart glatt und rückt seine Mütze zurecht.
„Hoho, wo sind die Kinder?", fragt er.
„Miau", maunzt die Schwarze vom Ofen herab. Die Rote kommt unter der Ofenbank hervor und sagt: „Beeil dich, Nikolaus, drüben warten alle schon auf dich."
„Ja, wo denn drüben, um alles in der Welt?", ruft Knecht Ruprecht, der inzwischen auch da ist. „Drüben in der Scheune", maunzt die Schwarze kurz.

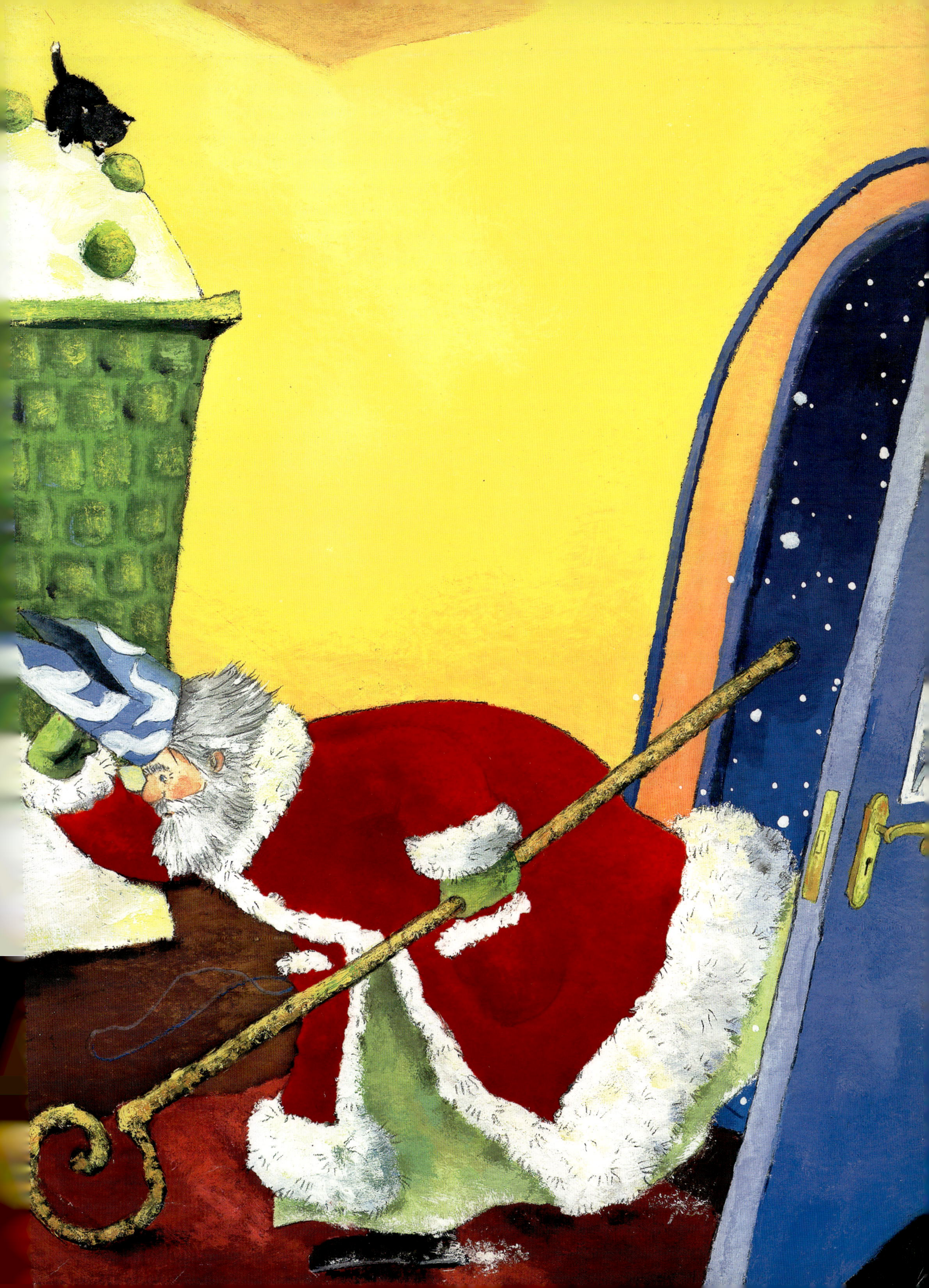

„Ja sind wir hier denn beim Versteckspielen? Wer macht denn so etwas mit uns?" Knecht Ruprecht geht geradewegs zur Tür hinaus und nimmt die Schlittenschnur in die Hand. „Mir reicht es jetzt jedenfalls. Komm, Nikolaus, hier gibt es keine lieben Kinder. Komm mit nach Hause und stell die Geschenke in den Schuppen. Nächstes Jahr kannst du sie anderen Kindern bringen." Knecht Ruprecht stapft verärgert los. „Ich lasse mich jedenfalls nicht veräppeln. Ich nicht."

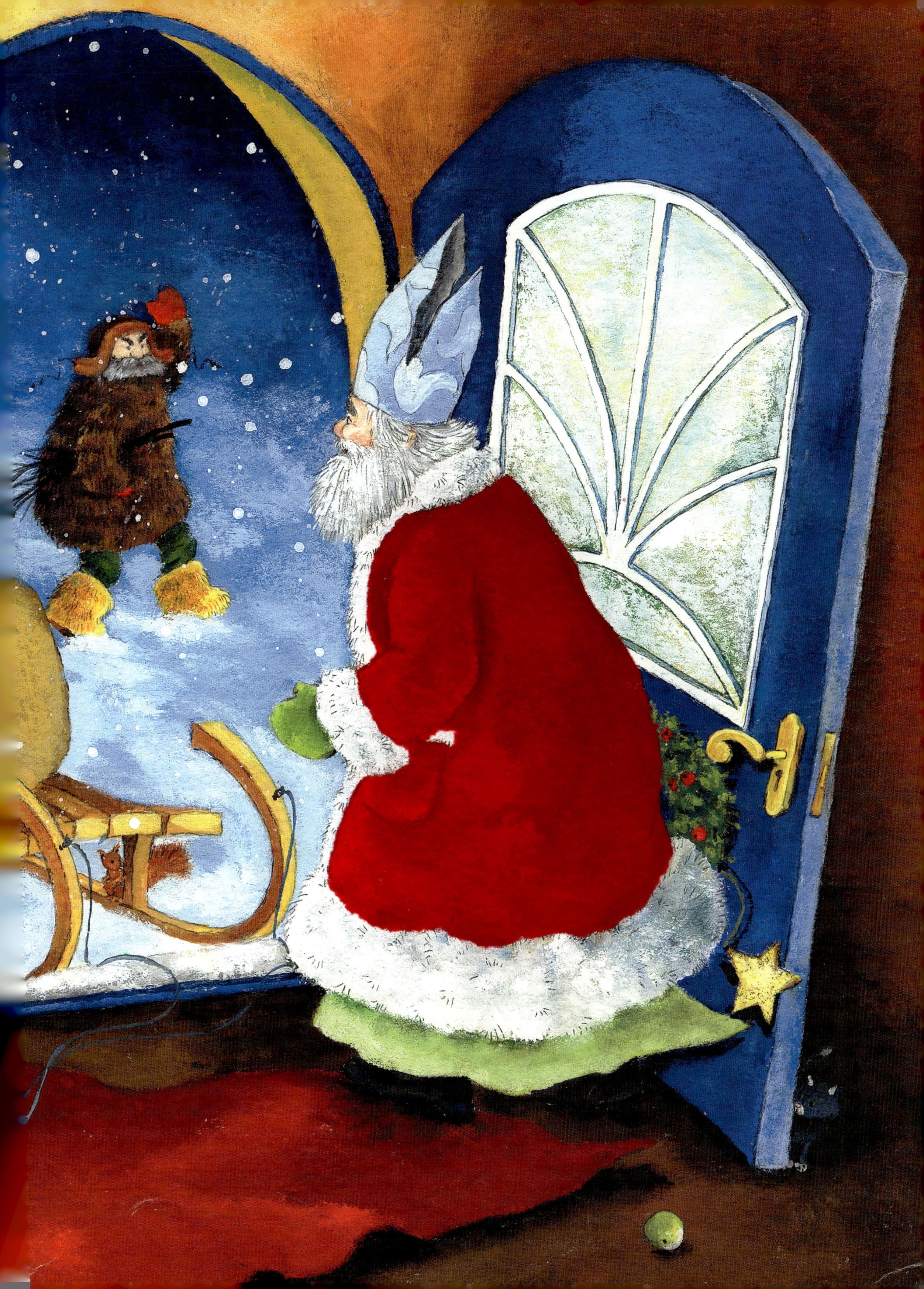

„Bleib stehen Knecht Ruprecht", ruft der Nikolaus. „Hörst du das nicht?" Aus der blauen Scheune kommt eine leise Melodie. Verwundert schaut der Nikolaus sich um. In der Scheune ist kein Licht zu sehen. Jetzt steigt den beiden der würzige Geruch von frisch gebackenen Lebkuchen in die Nase.
„Darauf falle ich nicht noch mal herein. Es ist ja doch niemand da, wenn wir in die Scheune gehen", sagt Knecht Ruprecht.
Der Geruch ist aber so gut und die Melodie so schön, dass der Nikolaus neugierig durch das Tor zum Heuboden lugt.
Auf dem Heuboden ist es finster.
„Komm hierher", flüstert der Nikolaus.
Die beiden setzen vorsichtig einen Fuß nach dem anderen auf den strohbedeckten Boden.

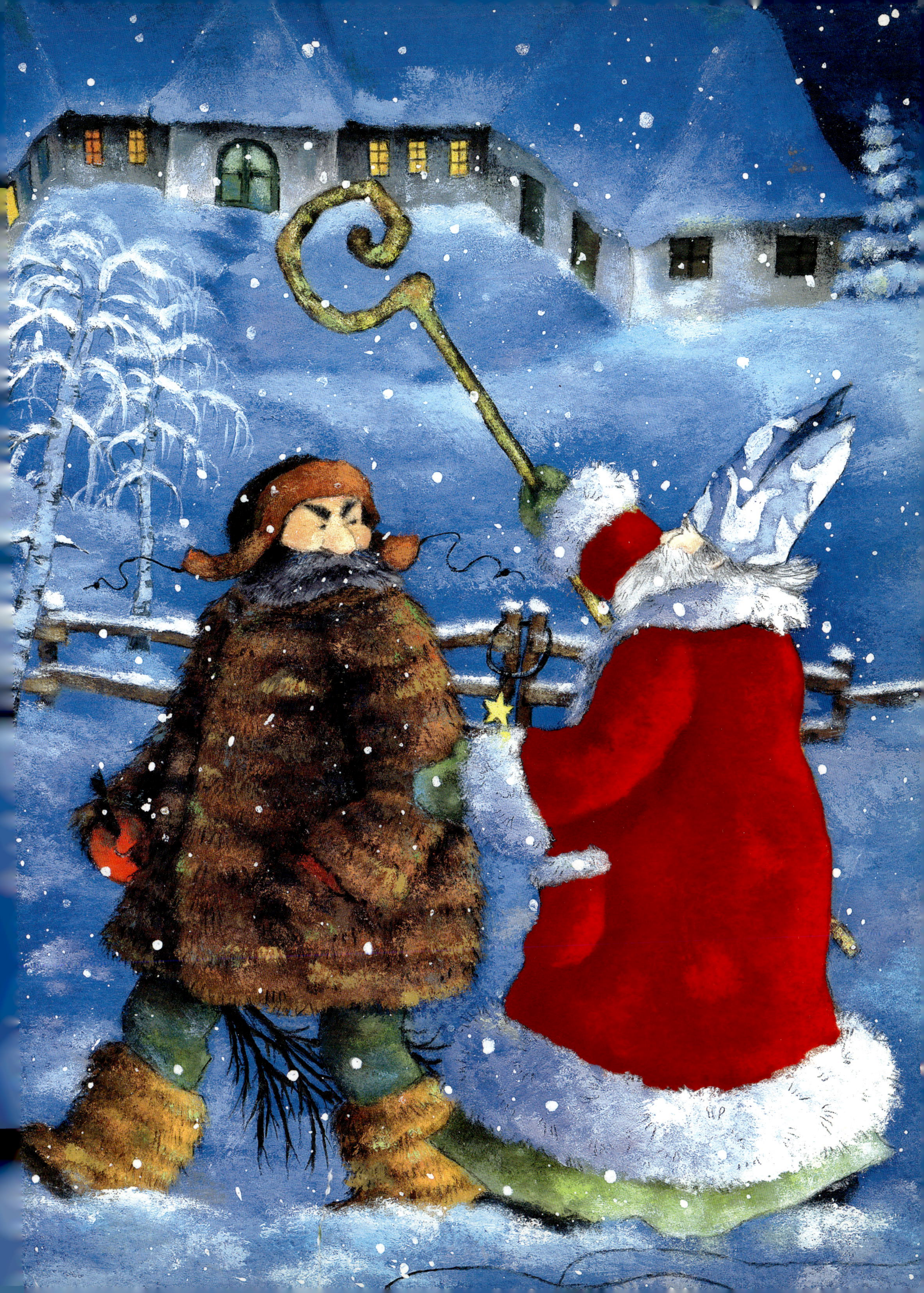

Plötzlich geht eine Luke auf,
der Nikolaus und Knecht Ruprecht rutschen
hinunter und landen – direkt auf einem weichen
Sofa aus Heu. Viele kleine Lichter gehen an.
Der Nikolaus muss sich dreimal die Augen reiben.
Knecht Ruprecht steht der Mund offen. Vor ihnen
haben sich im Halbkreis zwölf Kinder versammelt –
und singen: „Lieber, guter Nikolaus,
willkommen hier in unsrem Haus.
Knecht Ruprecht laden wir auch ein,
heute hier bei uns zu sein.
Wir haben euch was mitgebracht,
und das ist alles selbst gemacht."

Da stehen zwölf Kinder aus
Andelsbach und jedes hat etwas
Selbstgebasteltes in der Hand.
„Was für eine Überraschung,
Kinder. Nein, so etwas
habe ich noch nie erlebt."
Der Nikolaus freut sich so sehr, dass er purpurrote
Wangen bekommt. Selbst Knecht Ruprecht wird es
ganz warm ums Herz.
So glücklich hat man die beiden noch nie gesehen.
Die Eltern der Kinder bringen Lebkuchen und Bratäpfel,
und dann holt der Nikolaus den Sack vom Schlitten und
füllt jedem Kind ein Stiefelchen mit guten Dingen.